RÉPUBLIQUE FRANÇAISE

MINISTÈRE DE LA GUERRE.

LOI DU 10 AOUT 1917

(DITE LOI MOURIER)

fixant les affectations aux unités combattantes des mobilisés, officiers, sous-officiers et soldats appartenant à l'armée active et à la réserve de l'armée active.

PARIS
HENRI CHARLES-LAVAUZELLE
Éditeur militaire
124, Boulevard Saint-Germain, 124

MÊME MAISON A LIMOGES

RÉPUBLIQUE FRANÇAISE.

MINISTÈRE DE LA GUERRE.

Loi fixant les affectations aux unités combattantes des mobilisés, officiers, sous-officiers et soldats, appartenant à l'armée active et à la réserve de l'active.

Paris, le 10 août 1917.

Le Sénat et la Chambre des députés ont adopté,

Le Président de la République promulgue la loi dont la teneur suit :

Art. 1er. A partir de la promulgation de la présente loi, et à moins qu'ils ne soient reconnus inaptes à faire campagne, seront versés dans les unités combattantes, dont l'énumération fera l'objet d'un décret, et y seront maintenus pendant un an au moins :

1° Tous les officiers, assimilés ou fonctionnaires ayant la correspondance de grade, appartenant aux classes 1903 et plus jeunes et n'ayant pas, pendant un an au moins, depuis la mobilisation, servi dans une unité combattante, ainsi que tous les hommes de troupe du service armé appartenant aux mêmes classes;

2° Tous les sous-officiers du service armé, rengagés, commissionnés ou retraités proportionnels après quinze ans de service, des classes 1896 et plus jeunes;

3° Tous les officiers de l'armée active, des armées combattantes, appartenant aux classes 1896 à 1902 incluses, qui, depuis la mobilisation, n'auraient pas, pendant un an au moins, servi dans une unité combattante.

Le versement dans les unités combattantes sera opéré par classes, suivant l'ordre de celles-ci et en commençant par la plus jeune.

A titre transitoire, un délai de trois mois est accordé au Ministre de la guerre pour l'application du présent article.

Art. 2. Les dispositions de l'article 1er ne s'appliquent pas :

1° Aux fonctionnaires et attachés de l'intendance, aux officiers interprètes, aux officiers d'administration des divers services; aux agents et sous-agents des Trésor et postes, et à tous les fonctionnaires et agents de la télégraphie militaire nommés avant le 2 août 1914 ou déclarés admis, avant cette date, aux examens d'aptitude à leur emploi; aux fonctionnaires et attachés de l'intendance et aux officiers d'administration des divers services nommés depuis la guerre, mais n'ayant jamais servi dans une arme combattante ou ayant accompli antérieurement leur service actif dans les sections de commis et ouvriers d'administration, d'infirmiers, ou de secrétaires d'état-major et du recrutement, ni aux agents et hommes de troupe légalement affectés, avant le 2 août 1914, aux sections de chemins de fer de campagne, ou qui, à cette date, se trouvaient dans les conditions requises par l'article 42 de la loi du 21 mars 1905 pour y être incorporés.

Tous ces officiers et hommes de troupe seront, d'ailleurs, exclusivement employés dans les formations du front s'ils appartiennent aux classes visées par l'article 1er, paragraphe 1er, de la présente loi;

2° Aux officiers des armes combattantes qui, à la suite de blessures ou de maladies contractées au service, ont été reconnus inaptes à leur arme et ont été nommés dans le cadre des fonctionnaires de l'intendance ou des officiers d'administration des divers services;

3° Aux médecins, pharmaciens, chirurgiens ou mécaniciens dentistes; aux vétérinaires; aux étudiants en médecine pourvus au moins de deux inscriptions validées par un examen ou par un certificat d'assiduité civil ou militaire, qui appartiennent aux formations sanitaires de campagne; aux étudiants en pharmacie ayant accompli leur stage; aux étudiants en médecine vétérinaire ayant accompli leur première année d'école; aux infirmiers ayant satisfait aux examens du caducée et assistant, depuis un an au moins, le médecin dans son action médicale ou chirurgicale dans les services de l'avant;

4° Au personnel du service automobile, officiers et hommes de troupe, appartenant aux sections sanitaires et à celles affectées aux transports de troupes, de matériel ou de munitions;

5° Aux sapeurs-pompiers de la ville de Paris, autres que ceux qui appartiennent aux classes 1914 et plus jeunes;

6° Aux militaires de la gendarmerie qui servaient effectivement dans cette arme le 1er août 1914;

7° Aux officiers de complément et aux hommes de troupe pères de quatre enfants ou veufs pères de trois enfants, ou ayant eu au moins, depuis le 1er août 1914, deux frères ou deux fils morts au service de la patrie ou disparus depuis plus de six mois;

8° A tous les mobilisés rentrés d'Allemagne ou des départements envahis pour quelque cause que ce soit.

A partir de la promulgation de la présente loi, les hommes de troupe pères de cinq enfants et veufs pères de quatre enfants, appartenant à la réserve de l'armée territoriale, seront affectés dans la zone de l'intérieur; les hommes de troupe pères de quatre enfants ou veufs pères de trois enfants ou ayant eu trois frères ou deux fils tués au champ d'honneur ou décédés des suites de blessures ou de maladies contractées au service, ou encore disparus depuis plus de six mois, et qui se trouvent dans les unités combattantes, seront affectés à des unités territoriales dans des emplois non combattants s'ils appartiennent aux classes 1903 et plus jeunes, et à des formations de l'arrière, s'ils appartiennent aux classes 1902 ou plus anciennes.

Les hommes de troupe ayant eu deux frères tués au champ d'honneur ou décédés des suites de blessures reçues à l'ennemi ou encore disparus depuis plus de six mois, seront affectés aux emplois les moins exposés des unités auxquelles ils appartiennent.

A titre transitoire, un délai de trois mois est accordé au Ministre de la guerre pour l'application des deux paragraphes ci-dessus.

Art. 3. Les dispositions de l'article 1er ne s'appliquent pas non plus aux spécialistes qualifiés, officiers et hommes de troupe, absolument indispensables et employés, soit dans les formations de la zone des armées, soit, à l'intérieur, dans les ateliers, usines, établissements, laboratoires ou exploitations travaillant pour la défense nationale, à l'étude, à la construction, à la fabrication, à l'entretien, au service ou à la réparation du matériel de guerre. Les spécialistes encore affectés à des unités combattantes seront appelés, après avis favorable des commissions permanentes, en commençant par les pères de familles les plus nombreuses et les classes les plus anciennes, à remplacer, nombre pour nombre, les spécialistes de même catégorie appartenant à des classes plus jeunes, et affectés à des emplois techniques, soit dans les usines, soit aux armées.

Dans le cas prévu à l'alinéa précédent, le chef d'unité ou de service, d'usine ou d'entreprise, déclarera, par écrit, que le mobilisé est bien spécialiste qualifié et qu'en outre il lui a été impossible de le remplacer. Copie de cette déclaration sera transmise à la mairie du dernier domicile en France de l'intéressé et transcrite sur un registre mis à la disposition du public. Les spécialistes qualifiés n'ayant pas fait l'objet de cette déclaration pourront en appeler à la commission mixte instituée par l'alinéa suivant, laquelle aura qualité, en ce cas, pour substituer sa déclaration à celle défaillante du chef d'unité ou de service, d'usine ou d'entreprise.

Toutefois, les mobilisés affectés aux usines, établissements ou exploitations travaillant pour la défense nationale, ne pourront y être maintenus qu'après un avis favorable émis par la commission prévue à l'article 6, paragraphes 4, 5 et 6, de la loi du 17 août 1915 et qui opérera d'une façon permanente.

Art. 4. Les mobilisés visés à l'article 1er ne pourront être maintenus dans une formation non combattante que par une décision spéciale et motivée du Ministre de la guerre ou du Ministre de l'armement, décision qui sera insérée, avec l'énoncé des motifs, au *Journal officiel*.

Art. 5. Le Ministre de la guerre déterminera le mode d'affectation dans les unités combattantes des officiers, assimilés ou fonctionnaires ayant la correspondance de grade, visés à l'article 1er, soit directement, soit après un stage dont il déterminera les conditions et la durée.

Ceux qui, à l'expiration de ce stage, seraient reconnus incapables d'exercer le commandement correspondant à leur grade, seront replacés dans le grade qu'ils possédaient au moment où ils ont été nommés officiers ou assimilés.

Art. 6. Il sera pourvu au remplacement des officiers, assimilés ou fonctionnaires ayant la correspondance de grade, visé par la présente loi, et, éventuellement, au renforcement des cadres des divers services :

1° Par des auxiliaires, des mobilisés évadés des pays ennemis ou rapatriés, ou des engagés spéciaux : exemptés, réformés ou hommes dégagés de toute obligation militaire. Ils pourront, s'ils remplissent les conditions d'aptitude professionnelle suffisantes, être nommés officiers ou assimilés;

2° Par des sous-officiers inaptes à faire campagne, par des officiers inaptes à faire campagne par suite de blessure ou de maladie contractée au service et, subsidiairement, par des officiers ou assimilés recrutés parmi les hommes de troupe de la réserve de l'armée territoriale et parmi les hommes faits prisonniers au cours de la campagne et rapatriés comme sanitaires.

A défaut de personnel civil, d'engagés spéciaux et d'hommes du service auxiliaire, il sera pourvu au remplacement des hommes de troupe visés à l'article 1er par des réservistes de l'armée territoriale, classe par classe, en commençant par les classes les plus anciennes et, dans chaque classe, par les pères de familles les plus nombreuses.

Art. 7. Les officiers et assimilés visés à l'article 1er, autres que ceux faisant l'objet des exceptions prévues à l'article 2 de la présente loi, qui seront reconnus définitivement inaptes à faire campagne et dont l'inaptitude ne résultera pas de blessures ou de maladies contractées au service, seront mis en non-activité s'ils appartiennent à l'armée active; ils seront mis hors cadres ou pourront, sur leur demande, être rayés des cadres, s'ils sont officiers ou assimilés de complément.

Nonobstant les dispositions ci-dessus, le Ministre de la guerre pourra, si les nécessités du service l'exigent, et par décision spéciale et motivée, insérée au *Journal officiel*, maintenir dans un poste sédentaire les officiers déclarés définitivement inaptes à faire campagne.

Les officiers mis en non-activité ou rayés des cadres pour inaptitude ne pourront, en aucun cas, être remplacés dans des postes de l'intérieur par des officiers de l'armée active appartenant aux classes 1896 et plus jeunes et n'ayant pas été blessés au cours de la présente guerre.

Art. 8. L'inaptitude à faire campagne, dans les divers cas prévus par la présente loi, sera constatée par la commission spéciale de réforme.

Cette inaptitude sera déclarée provisoire ou définitive par la commission. Si elle est provisoire, l'intéressé devra subir, devant ladite commission, un nouvel examen à l'expiration du délai de deux mois.

A partir de la promulgation de la présente loi, l'inaptitude des hommes du service auxiliaire à être utilisés, en cette qualité, dans la zone des armées, sera constatée par la commission spéciale de réforme dans les conditions prévues aux paragraphes 1 et 2 du présent article.

Art. 9. Tout chef d'unité ou de service, d'usine ou d'entreprise, et toute autre personne qui, en vue de soustraire à l'application de la présente loi un mobilisé ne rentrant pas dans les cas d'exception qu'elle prévoit, se seront rendus coupables, soit de fausses énonciations dans la déclaration prescrite par l'article 3, soit de toute autre manœuvre, de tout acte ou omission volontaire ayant pour but et ayant eu pour effet de maintenir ou d'aider à maintenir, sciemment, ledit mobilisé dans une formation non combattante, dans une usine, dans un établissement ou une exploitation travaillant pour la défense nationale, seront punis des peines prévues par l'article 7 de la loi du 17 août 1915.

Art. 10. Aucun sursis ne pourra ête accordé ou renouvelé à l'avenir à un homme du service armé appartenant aux classes 1903 et plus jeunes, sans une décision spéciale du Ministre de la guerre dans les conditions prévues à l'article 4.

Un décret, rendu sur la proposition du même Ministre, déterminera les professions pour lesquelles des sursis peuvent être accordés et la durée de ceux-ci.

Le demandeur en sursis souscrira, du reste, au préalable, une déclaration indiquant de quelle profession ou de quelle fonction administrative il se réclame pour sa mise en sursis, ainsi que le lieu et la durée qu'il désire voir attribuer à ce dernier. Copie de cette déclaration sera transmise à la mairie de la résidence de l'intéressé, comme il est dit à l'article 3.

En cas de fausse déclaration, les peines prévues par l'article 7 de la loi du 17 août 1915 seront applicables.

Les mobilisés placés, à un titre quelconque, dans la position du sursis demeureront soumis aux règlements de l'armée, en cas d'infraction à la discipline militaire, sans préjudice de ce qui est dit à l'article 42, alinéa 6, de la loi du 21 mars 1905.

Art. 11. Un décret, rendu en la forme de règlement d'administration publique, déterminera les conditions d'application à l'armée de mer des dispositions contenues dans la présente loi.

Art. 12. La présente loi est applicable à l'Algérie, aux colonies et pays de protectorat.

La présente loi, délibérée et adoptée par le Sénat et par la Chambre des députés, sera exécutée comme loi de l'Etat.

Fait à Paris, le 10 août 1917.

R. POINCARÉ.

Par le Président de la République :

Le Ministre de la guerre,
Paul Painlevé.

Le Ministre de l'armement et des fabrications de guerre,
Albert Thomas.

Le Ministre de la marine, le Ministre de la guerre Ministre de la marine par intérim,
Paul Painlevé.

Le Ministre de l'intérieur, le Garde des sceaux, Ministre de la justice, Ministre de l'intérieur par intérim,
René Viviani.

Le Ministre des colonies,
Maginot.

RAPPORT AU PRÉSIDENT DE LA RÉPUBLIQUE FRANÇAISE.

Paris, le 19 août 1917.

Monsieur le Président,

La loi du 10 août 1917 « fixant les affectations aux unités combattantes des mobilisés, officiers, sous-officiers et soldats appartenant à l'armée active et à la réserve de l'armée active » stipule, dans son article 1er, que les militaires qu'elle saisit seront versés dans les unités combattantes dont l'énumération fera l'objet d'un décret.

Tel est l'objet du projet de décret ci-joint que j'ai l'honneur de soumettre à votre haute approbation.

L'énumération qu'il contient comprend des formations qui, à proprement parler, ne peuvent être appelées combattantes — telles les unités de sapeurs de navigation et les groupes de brancardiers — d'autant, pour ces derniers, que leur personnel est neutralisé au regard des conventions internationales. L'insertion de ces formations dans la liste répond à la nécessité de les ravitailler en professionnels de jeunes classes.

Par contre, cette énumération ne renferme pas tous les éléments de l'armée appelés à combattre — telles les unités territoriales — qui ne peuvent évidemment recevoir des mobilisés des classes jeunes visés par la loi.

Il doit être entendu, d'autre part, que si la loi oblige à verser certaines catégories de mobilisés aux formations combattantes, elle ne crée en aucune manière, pour les militaires laissés en dehors de ses prévisions, un droit à ne pas servir dans ces formations.

La loi du 10 août 1917 a pour but, non de stabiliser des situations acquises, mais de fixer un programme minimum d'aménagement. Le commandement ne saurait se tenir en deçà de ce programme sans violer la loi; il peut le dépasser, si les besoins du service l'exigent.

Veuillez agréer, Monsieur le Président, l'hommage de mon respectueux dévouement.

Le Ministre de la guerre,
Paul PAINLEVÉ.

DÉCRET.

Le Président de la République française,
Vu la loi du 10 août 1917 et spécialement l'article 1er;
Sur le rapport du Ministre de la guerre,

Décrète :

Art. 1er. Sont réputées unités combattantes, pour l'application de la loi du 10 août 1917, les formations mobilisées énumérées ci-après :

A. — ARMÉES DU NORD ET DU NORD-EST.

1° Etats-majors de divisions actives d'infanterie et de cavalerie, états-majors de brigades actives (ou anciennement dites de réserve) d'infanterie et de cavalerie, états-majors de commandements d'infanterie des divisions actives (ou anciennement dites de réserve).

Missions militaires près les armées américaines, belges et britanniques, en ce qui concerne le personnel employé dans les divisions et formations subordonnées.

Mission militaire chargée de l'administration de l'Alsace, en ce qui concerne le personnel, des cercles de Thann et de Dannemarie, dont la résidence est fixée à moins de 8 kilomètres des lignes.

2° Infanterie.

Corps actifs (et anciennement dits de réserve).

3° Cavalerie.

Corps actifs et unités de réserve montés et non montés.
Groupes d'auto-mitrailleuses et d'auto-canons.

4° Artillerie.

a) Artillerie des divisions et des corps d'armée, à l'exclusion de :

L'état-major de l'artillerie des corps d'armée:
L'état-major du parc d'artillerie des corps d'armée;
Les équipes de réparation divisionnaires et de corps d'armée.

b) Artillerie d'armée :

Artillerie de tranchée, artillerie hippomobile, artillerie de position, à l'exception du grand parc d'artillerie et de l'état-major de l'artillerie d'armée.

c) Artillerie lourde à tracteurs, à l'exception des unités de réparation.

d) Réserve générale d'artillerie lourde, à l'exception :

De l'état-major de la réserve générale d'artillerie lourde;
Des batteries de construction de voies normales;
Des unités de réparation;
Des unités de travailleurs;
Des parcs.

e) Artillerie d'assaut, à l'exclusion de l'état-major de l'artillerie d'assaut.

f) Unités de tir contre avions, à l'exception des postes ou sections demi-fixes installés à demeure à une distance du front supérieure à 15 kilomètres.

5° Génie.

Génie des divisions et des corps d'armée (à l'exclusion de l'état-major du génie des corps d'armée).
Compagnies de sapeurs-mineurs à la disposition des armées.

Compagnies spéciales, compagnies de schlitte, compagnies d'électriciens.

Compagnie de pontonniers.

Unités de télégraphie de 1re ligne (à l'exclusion des parcs).

Compagnies de sapeurs de chemins de fer (à l'exclusion des compagnies de travailleurs).

Sections de projecteurs de campagne d'armée.

Compagnies de sapeurs de navigation (personnel marinier seulement).

6° Aéronautique.

a) Aviation :

Escadrilles.

Personnel navigant de toutes autres formations.

b) Aérostation :

Compagnies d'aérostiers (observateurs et personnel de manœuvre).

Equipages de ballons dirigeables.

7° Santé.

Groupes de brancardiers.

B. — Armée d'Orient. — Maroc.

1° Mêmes formations que pour le front du Nord et du Nord-Est en ce qui concerne les états-majors;

2° Formations qui reçoivent normalement des hommes du service armé des classes 1903 et plus jeunes.

C. — Algérie-Tunisie.

Formations actives affectées à la défense de la colonie et du protectorat.

D. — Colonies et pays de protectorat autres que le Maroc.

Formations actives.

E. — Missions a l'étranger.

Missions militaires en Russie et en Roumanie, en ce qui concerne le personnel employé dans les armées et dans les formations subordonnées.

Art. 2. Le personnel des groupes de brancardiers, classés dans les unités combattantes, est et demeure neutralisé, conformément aux conventions internationales en vigueur.

Art. 3. Le Ministre de la guerre est chargé de l'exécution du présent décret, qui sera publié au *Journal officiel* de la République française et inséré au *Bulletin des lois*.

Fait à Paris, le 19 août 1917.

R. POINCARÉ.

Par le Président de la République :

Le Ministre de la guerre,

Paul PAINLEVÉ.

Instruction ministérielle relative à l'application des articles 1er à 5 de la loi du 10 août 1917.

La présente instruction a pour objet de préciser les conditions d'application de la loi du 10 août 1917, insérée au *Journal officiel* du 15 août.

L'attention des chefs militaires, à tous les degrés de la hiérarchie, est instamment appelée sur la nécessité d'en observer strictement les prescriptions, dans leur lettre et dans leur esprit, et d'en poursuivre l'application d'une manière prompte et rigoureuse; leur responsabilité est formellement engagée à ce sujet.

Le sentiment du devoir militaire et du respect des lois, qui les anime tous, donne au Ministre l'assurance qu'il n'aura à redresser aucune défaillance.

TITRE Ier.

(Articles 1er et 2 de la loi.)

A. — Principes généraux concernant les articles 1er et 2 de la loi.

La loi du 10 août 1917 prescrit, dans ses articles 1er et 2, trois catégories de mesures à l'égard des mobilisés (1) :

---

(1) Les engagés spéciaux sont tenus en dehors des prescriptions de la loi.

a) L'affectation à des unités combattantes de leur arme d'officiers d'état-major et de militaires de tous grades des armes (1), occupant des emplois du territoire ou affectés à des unités des armées autres que celles considérées comme combattantes au regard de la loi;

b) Le versement, dans les armes qui fournissent des unités combattantes, de mobilisés (2) des services (3), du train des équipages, de la gendarmerie, des sapeurs-pompiers, douaniers et chasseurs forestiers, et l'affectation de ces mobilisés à des unités combattantes de leur nouvelle arme;

c) L'affectation à une formation du front de leur service, de mobilisés se trouvant dans les formations ou services du territoire (4).

B. — Unités combattantes.

Les unités combattantes, visées aux paragraphes *a*) et *b*) ci-dessus, sont énumérées au décret du 19 août 1917.

Il est entendu qu'il s'agit des formations considérées comme combattantes au point de vue de l'application de la loi, c'est-à-dire de celles dans lesquelles l'emploi de cadres et hommes jeunes est indiqué (5).

D'autre part, il est signalé que l'insertion des états-majors de division et de brigade dans le décret répond au principe en vigueur de l'équivalence, pour les officiers d'état-major, du temps de troupe et du temps de service accompli dans ces états-majors.

Dans ces conditions, bien que pouvant appartenir aujourd'hui aux états-majors dont il s'agit, les assimilés et les gradés et

---

(1) Officiers et hommes de troupe du service armé, aptes à faire campagne.

(2) Officiers et assimilés, fonctionnaires ayant la correspondance du grade d'officier, hommes de troupe, agents de la télégraphie militaire, sous-agents des trésor et postes.

(3) Service d'état-major (officiers d'administration et interprètes) section, trésor et postes, justice militaire, télégraphie militaire, etc.

(4) Par exemple : officiers d'administration ayant accompli antérieurement leur service actif dans les sections, mais appartenant aux classes 1903 et plus jeunes (article 2, § 1°, 2° alinéa).

(5) Il en résulte que toutes les formations qui sont appelées à combattre ne sauraient figurer sur cette liste et que celle-ci comprend, d'autre part, à titre d'ailleurs exceptionnel, des formations, comme les compagnies de sapeurs de navigation, qui ne sont pas, à proprement parler, combattantes, mais qu'il est indispensable de ravitailler, par mesure générale, en professionnels de classes jeunes, à défaut de ressources en professionnels mobilisés de classes anciennes.

hommes des services et armes non combattantes, n'en doivent pas moins être versés dans les armes, s'ils appartiennent aux classes et catégories visées par la loi.

Dans un autre ordre d'idées, il est évident que la loi ne joue pas seulement à l'égard des mobilisés qui, habituellement, se trouvent saisis par elle : elle s'appliquera également, dans l'avenir, à tous ceux qui viendront à tomber sous le coup de ses articles.

L'attention du commandement, à tous les degrés, devra donc se porter sur ce point d'une façon continue, notamment en ce qui concerne les militaires classés physiquement inaptes, qui redeviendraient aptes à faire campagne, ceux, maintenus par application des articles 3 et 4 de la loi, qu'il deviendrait possible de relever, ceux qui seraient remis ultérieurement à la disposition du Ministre de la guerre par le Ministre de l'armement, etc., etc.

Il est entendu que le commandement conserve le droit et le devoir de poursuivre les mesures d'aménagement du personnel prescrites par les instructions en vigueur et que si la loi oblige à affecter les mobilisés de jeunes classes aux unités combattantes, elle ne crée en aucune manière, pour les militaires laissés en dehors de ses prévisions, un droit à ne pas servir dans ces formations.

Le général commandant en chef les armées alliées en Orient et le commissaire résident général de la République française au Maroc communiqueront, dans le plus bref délai possible, au Ministre (Etat-Major armée; 1er Bureau), la liste des unités qu'ils auront classées comme combattantes, au regard de la loi, par application du décret du 19 août 1917.

C. — Autorités chargées de l'application des articles 1er et 2.

Ces autorités sont :

a) Le Ministre (sous-secrétariats d'Etat, directions et services intéressés de l'administration centrale), à l'égard :

1° Du personnel officiers du territoire;

2° Du personnel officiers et troupe des missions (Etat-Major; 2e Bureau);

3° Des hommes de troupe ci-après, du territoire, appartenant aux sections annexes des troupes coloniales :

Sous-officiers retraités proportionnels après quinze ans de service (8e Direction);

Militaires rengagés et commissionnés (8e Direction);

4° Des hommes de troupe (gradés et soldats) de toutes armes employés dans les formations de l'aéronautique sur le territoire (sous-secrétariat d'Etat de l'aéronautique);

5° Des hommes de troupe ne figurant pas au plan de remplacement, en particulier, hommes de troupe du régiment de sapeurs-pompiers de Paris (1re Direction), de la gendarmerie et de la garde républicaine (2e Direction), cadres européens des unités de troupes coloniales indigènes employées aux travaux du territoire (8e Direction).

b) Les généraux commandant les régions et le général commandant en chef les troupes françaises de l'Afrique du Nord, à l'égard des hommes de troupe (sauf les exceptions indiquées ci-dessus).

c) Les généraux commandant en chef les armées du Nord et du Nord-Est et les armées alliées en Orient, le commissaire résident général de la République française au Maroc, en ce qui concerne les mobilisés (officiers et troupe) sous leurs ordres.

Il est entendu que la relève instituée entre les mobilisés des colonies et ceux de la métropole continuera à fonctionner et que les militaires employés aux colonies et tombant sous le coup de la loi seront compris dans les détachements de relève à destination de la métropole.

Les autorités ci-dessus énumérées assureront respectivement l'application de la loi au personnel (officiers et troupe) du territoire se trouvant à la disposition du Ministre de l'armement (y compris celui du service automobile), au fur et à mesure que ce personnel sera remis à la disposition du Ministre de la guerre (1).

D. — Classes visées par la loi.

Les classes visées aux articles 1er et 2, qui déterminent le versement aux armes et l'affectation obligatoire de mobilisés aux unités combattantes, sont les classes de mobilisation.

La classe de mobilisation des sous-officiers retraités proportionnels après quinze ans de services est celle à laquelle ils appartenaient avant leur mise à la retraite et non celle à laquelle ils ont été affectés lorsqu'ils ont quitté l'armée.

Pour les hommes de troupe pères de quatre enfants, visés à l'avant-dernier alinéa de l'article 2 (hommes qui comptent tous

---

(1) Cette application incombera au général en chef pour le personnel qui lui serait envoyé directement par le Ministre de l'armement.

légalement dans l'armée territoriale), les classes dont il s'agit sont les classes auxquelles ils appartiennent par leur entrée au service (1).

E. — Mobilisés non visés par la loi.

Seront considérés comme tenus en dehors des prescriptions de la loi :

Les militaires des armes employés temporairement comme instructeurs (zone des armées ou intérieur), ou accomplissant un stage d'instruction ou de perfectionnement et qui sont destinés à rejoindre une formation combattante à l'issue de la période d'instruction ou de stage.

Les militaires faisant partie du personnel navigant de l'aéronautique, quelle que soit leur situation.

Le personnel des unités des troupes coloniales indigènes séjournant temporairement à l'intérieur.

Les militaires des armes, attendant dans les dépôts et centres d'instruction leur tour de départ à destination d'une des unités combattantes visées au décret.

Les récupérés et jeunes soldats actuellement réunis dans les dépôts et centres d'instruction du territoire et des armées et les hommes des contingents qui seraient ultérieurement incorporés : l'envoi au front de ces mobilisés continuera à être réglé d'après les prescriptions en vigueur.

F. — Décompte du temps de service accompli dans une unité combattante (officiers).

Sera compté dans le temps de service accompli dans une unité combattante, exigé par l'article 1er (§§ 1° et 3°) :

a) Le temps de service effectué, depuis le début des hostilités, en une ou plusieurs reprises, dans les unités combattantes énumérées au décret ou dans des unités d'armes combattantes (bataillons territoriaux de campagne, par exemple) non inscrites au décret, mais normalement appelées à participer à des opérations actives.

b) Le temps de service accompli par les officiers des armes combattantes dans les états-majors de division (infanterie et ca-

---

(1) Pour les naturalisés, anciens sujets des nations alliées ou neutres, et pour les réintégrés, la classe dont il s'agit est la classe d'âge, conformément à la loi du 20 février 1917.

valerie); de commandement d'infanterie de division et de brigade (infanterie et cavalerie).

c) Le temps pendant lequel un officier a fait partie du personnel navigant de l'aéronautique (zone des armées ou intérieur).

Le temps passé dans les formations sanitaires, par suite de blessures de guerre ou de maladie contractée aux armées, doit être compté comme temps de séjour dans la formation où l'intéressé servait avant son évacuation.

Il en sera de même pour le temps passé en congé de convalescence par des mobilisés évacués pour blessures de guerre et pour le temps d'inaptitude consécutif à leurs blessures.

G. — Personnel du service automobile et de l'aviation.

Le personnel du service automobile (officiers et hommes de troupe) appartenant aux sections sanitaires et à celles affectées aux transports de troupes, de matériel ou de munitions, est excepté, par l'article 2, de l'application de la loi.

Par contre, les mobilisés des classes visées par la loi, qui se trouvent dans d'autres services et formations automobiles, ne pourront y être maintenus (sauf par application de l'article 3 ou de l'article 4).

L'annexe de la présente instruction énumère ces dernières formations ou services.

L'application de la loi, au personnel du service automobile n'appartenant pas aux formations énumérées à l'article 2, paragraphe 4, de la loi, pourra consister à affecter ce personnel à ces dernières formations.

Dans le cas où le nombre de ces mobilisés serait supérieur aux besoins, les militaires en question suivraient le droit commun (affectation à une unité combattante du décret).

En particulier, les hommes de troupe du service armé, des classes visées par la loi, qui rempliraient dans une formation automobile quelconque (y compris celles visées au paragraphe 4 de l'article 2) des emplois accessoires pouvant être tenus par des hommes plus âgés (secrétaires, cuisiniers, etc.) seront obligatoirement versés dans les formations combattantes énumérées au décret (1).

---

(1) Pour la destination à donner aux militaires dont il s'agit n'appartenant pas à une arme fournissant des unités combattantes, on se conformera aux règles fixées au paragraphe II.

Des règles analogues seront appliquées aux mobilisés des services et formations de l'aéronautique.

H.— Arme d'affectation des mobilisés provenant des services, du train des équipages, de la gendarmerie, des sapeurs-pompiers, douaniers et chasseurs forestiers.

Elle sera la suivante :

Arme d'origine. — Pour les mobilisés ayant servi dans l'infanterie, l'artillerie, le génie.

Artillerie. — Pour ceux ayant servi dans la cavalerie ou le train des équipages (ou provenant directement du train des équipages).

Infanterie. — Pour ceux n'étant pas dans un des cas prévus ci-dessus.

Les hommes de troupe gradés provenant des services (ou d'une arme ne fournissant pas d'unité combattante) seront affectés avec leur grade à leur nouvelle arme (1).

I. — Aptitude physique a faire campagne.

Les commissions de réforme statueront sur l'aptitude à faire campagne, dans les armes indiquées ci-dessus, des mobilisés provenant des services, du train des équipages, de la gendarmerie, etc., à verser aux armes.

En ce qui concerne les mobilisés appartenant à une arme fournissant des formations combattantes énumérées au décret, l'aptitude dont il s'agit est l'aptitude physique à servir dans une formation combattante de cette arme.

Pour les mobilisés des services à envoyer dans une formation du front dans leur service, l'aptitude à examiner est l'aptitude physique à servir dans ladite formation.

On a indiqué ci-dessus les règles à suivre pour l'affectation du personnel employé dans les formations automobiles et celles de l'aéronautique. Il en sera également tenu compte, le cas échéant, par les commissions de réforme.

J. — Dates auxquelles les différentes classes recevront application de la loi.

L'application de la loi, dans le délai de trois mois imparti par l'article 1er, se fera par séries correspondant à chacun de ces mois.

(1) En ce qui concerne les officiers, se reporter au titre III.

En ce qui concerne les mobilisés du territoire saisis par la loi, ils seront dirigés sur les armées du Nord et du Nord-Est aux dates indiquées ci-après :

GROUPE J. — Officiers, assimilés, fonctionnaires, hommes de troupe, agents ou sous-agents des classes 1903 et plus jeunes.

1re série : 17 septembre. — Classes 1910 et plus jeunes.
2e série : 17 octobre. — Classes 1907 à 1909 inclus.
3e série : 17 novembre. — Classes 1903 à 1906.

GROUPE S. — Officiers et hommes de troupe des classes 1896 à 1902. (Militaires de carrière.)

1re série : 17 septembre. — Classes 1901 et 1902.
2e série : 17 octobre. — Classes 1899 et 1900.
3e série : 17 novembre. — Classes 1896 à 1898.

L'application de la loi, articles 1er et 2, aux mobilisés se trouvant aux armées du Nord et du Nord-Est sera effectuée aux mêmes dates et dans les mêmes conditions, par les soins du général commandant en chef.

Le général commandant en chef les armées alliées en Orient et le commissaire résident général de la République française au Maroc régleront, dans des conditions analogues, l'application de la loi aux mobilisés sous leurs ordres.

K. — DESTINATION A DONNER AUX MOBILISÉS DIRIGÉS SUR LES ARMÉES.

I. — Officiers et fonctionnaires ayant la correspondance de grade.

1° Catégories *a*) et *c*) (définies au titre Ier, § A) (1). — Des ordres spéciaux du Ministre indiqueront la destination à leur donner (2);

2° Catégorie *b*) définie au titre Ier, § A) (3). — Officiers, assi-

---

(1) La catégorie *a*) comprend les officiers appartenant à une arme qui doivent être affectés à une formation combattante de cette arme; la catégorie *c*) comprend les officiers des services, non soumis au versement en vertu de l'article 2 de la loi, mais obligatoirement envoyés au front, dans leur service, s'ils sont aptes à y faire campagne.

(2) Voir titre IV (mesures d'exécution).

(3) La catégorie *b*) comprend les officiers, assimilés ou fonctionnaires des armes ou des services qui doivent être versés à une arme fournissant des unités combattantes.

milés et fonctionnaires destinés à être versés dans l'infanterie, l'artillerie et le génie :

Seront dirigés sur des centres d'instruction de la zone des armées, désignés par la présente instruction (titre IV), pour y être mis à la disposition du général en chef (1).

II. — Hommes de troupe (gradés et soldats).

1° Hommes de troupe des missions — sous-officiers retraités proportionnels après 15 ans de services, des sections-annexes des troupes coloniales et militaires rengagés et commissionnés de ces sections — hommes de troupe de l'aéronautique — hommes de troupe ne figurant pas au plan de remplacement (sapeurs-pompiers de Paris, gendarmerie, garde républicaine...) : des ordres spéciaux du Ministre indiqueront la destination à leur donner (1);

2° Hommes de troupe (autres que ceux visés au § 1° ci-dessus) appartenant à l'infanterie métropolitaine et coloniale, à la cavalerie, à l'artillerie et au génie ou destinés à être versés dans les armes : seront dirigés sur les points de la zone des armées, désignés par la présente instruction (Titre IV) pour y être mis à la disposition du général en chef.

III. — Mobilisés qui seront ultérieurement saisis par la loi.

Au fur et à mesure qu'après l'expiration du délai de trois mois, d'autres mobilisés tomberont sous le coup de la loi, il leur en sera fait application dans les conditions indiquées ci-dessus.

L. — Mobilisés rentrés d'Allemagne et des départements envahis.

L'exception prévue à l'article 2, § 8°, visant « tous les mobilisés rentrés d'Allemagne ou des départements envahis, pour quelque cause que ce soit », doit être étendue aux mobilisés rentrant des autres pays ennemis (Autriche-Hongrie, Bulgarie, Turquie) ou d'une contrée envahie par l'ennemi (contrées russes envahies, Belgique, Serbie, etc...).

Des instructions ultérieures préciseront l'affectation à donner aux militaires dont il s'agit, qu'ils soient aux armées ou à l'intérieur.

---

(1) Voir titre IV (mesures d'exécution).

M. — Exception prévue a l'article 2 (paragraphe 7°) en faveur d'officiers de complément et hommes de troupe pères de quatre enfants, ou veufs pères de trois enfants, ou ayant eu au moins, depuis le 1er aout 1914, deux frères ou deux fils morts au service de la patrie ou disparus depuis plus de six mois.

L'expression « frères ou fils morts au service de la patrie » vise les hommes tués au champ d'honneur ou décédés des suites de blessure ou de maladie contractée au service.

N. — Mesures prévues aux trois derniers alinéas de l'article 2 en faveur de certaines catégories d'hommes de troupe pères de familles nombreuses et membres de familles éprouvées.

a) Hommes de troupe R. A. T. pères de cinq enfants et veufs pères de quatre enfants.

Le renvoi à l'intérieur de ceux de ces hommes qui étaient en service aux armées a déjà été prescrit.

Le texte de la loi visant l'affectation de ces hommes exclusivement à des emplois de la zone de l'intérieur, les commandants de région de la zone des armées dirigeront, sans délai, sur le dépôt de transition des isolés de leur région d'origine, les R. A. T. pères de cinq enfants ou veufs pères de quatre enfants appartenant à des services régionaux de la zone des armées, à moins qu'ils ne demandent à être maintenus dans ces derniers services (1).

Ces militaires seront emploéys par les régions destinataires pour l'exécution du plan de remplacement.

b) Hommes de troupe pères de quatre enfants ou veufs pères de trois enfants ou ayant eu trois frères tués ou deux fils tués au champ d'honneur ou décédés des suites de blessures ou de maladies contractées au service, ou encore disparus depuis plus de six mois, et qui se trouvent dans les unités combattantes.

Ce texte a reçu son application par avance, pour la plupart des hommes visés, par une circulaire du général en chef en date du 5 juillet 1917.

---

(1) Ceux de ces hommes qui appartiennent aux régions envahies et ceux originaires de la zone des armées où ils se trouvent, qui ne demanderaient pas à y être maintenus, seront dirigés sur le dépôt de transition des isolés de la région de leur choix.

Cette circulaire ne concernait pas toutefois les hommes de troupe ayant eu trois frères décédés des suites de blessures ou de maladies contractées au service ou disparus depuis plus de six mois, ni les hommes de troupe ayant eu deux fils tués au champ d'honneur ou décédés des suites de blessures ou de maladies contractées au service ou disparus depuis plus de six mois.

Elle leur sera appliquée, avant l'expiration du délai fixé par la loi, par les soins du général commandant en chef les armées du Nord et du Nord-Est.

Les hommes de cette catégorie seront exclus de l'envoi des renforts en Orient. Ceux qui feraient partie de l'armée d'Orient seront ramenés dans la métropole, sauf demande contraire de leur part, et y seront soumis aux obligations des hommes de leur classe et de leur catégorie, en ce qui concerne l'envoi en renfort au front du Nord-Est.

c) Hommes de troupe ayant eu deux frères tués au champ d'honneur ou décédés des suites de blessures reçues à l'ennemi, ou encore disparus depuis plus de six mois (avant-dernier alinéa de l'art. 2), ou décédés des suites de maladies contractées au service.

L'affectation de ces hommes aux emplois les moins exposés des unités auxquelles ils appartiennent a été réalisée également par la circulaire susvisée du 5 juillet 1917, du général commandant en chef les armées du Nord et du Nord-Est, en ce qui concerne les hommes ayant eu deux frères tués.

Ces mesures seront étendues, avant l'expiration du délai de trois mois fixé pour l'exécution, aux autres hommes visés plus haut.

Un rang de priorité sera acquis aux militaires ayant eu deux frères tués ou décédés, etc., qui sont le dernier enfant vivant de leur famille.

Des mesures analogues seront prises à l'armée d'Orient et au Maroc.

O. — Prescription commune a toutes les catégories de pères de familles nombreuses ou membres de familles éprouvées, visées par la loi.

Les affectations prescrites par l'article 2 constituent un droit pour les intéressés; ils en recevront application d'office, à moins qu'ils ne demandent à ne pas en bénéficier.

TITRE II.

(Articles 3 et 4 de la loi.)

A. — Personnel dépendant du Ministre de l'armement.

Le Ministre de l'armement a qualité pour donner toutes instructions utiles, en ce qui concerne le personnel mis à sa disposition (instruction ministérielle n° 2492-1/11 du 10 février 1917, en vue de l'établissement des demandes de maintien au titre de l'article 4 et des déclarations prévues à l'article 3, ainsi que pour la transmission de ces dernières aux mairies (1).

Conformément au sens attaché, par le Parlement, au texte de l'article 4, au sujet des insertions au *Journal officiel*, ces insertions seront faites sous le double seing du Ministre de la guerre et du Ministre de l'armement, en ce qui concerne les mobilisés maintenus en exécution dudit article 4, se trouvant à la disposition du Ministre de l'armement, mais n'appartenant pas à des corps ou fractions de corps placés sous l'autorité directe de ce dernier.

La constitution et le fonctionnement des commissions mixtes permanentes prévues à l'article 3 (2e et 3e alinéas) sont du ressort du Ministre de l'armement.

B. — Personnel ne dépendant pas du Ministre de l'armement.

1° *Prescriptions générales.*

Le maintien en dehors des unités combattantes, énumérées au décret, de tout mobilisé appartenant aux classes et catégories saisies par l'article 1er de la loi, et non exceptées par l'article 2, doit faire l'objet d'une décision spéciale et motivée du Ministre de la guerre, décision qui sera insérée, avec l'énoncé des motifs, au *Journal officiel*.

Cette règle s'applique au personnel maintenu en exécution de

---

(1) L'administration de la guerre n'a pas à intervenir pour la transmission aux mairies des déclarations établies, en exécution de l'article 3, par les chefs d'unité ou de service, d'usine ou entreprise relevant du ministère de l'armement.

l'article 3 de la loi; elle vise également les mobilisés qui seraient maintenus pour des motifs ne se rapportant pas à l'application de cet article et se réclamant, par suite, directement de l'article 4 : c'est le cas pour le personnel appartenant aux formations (unités, dépôts) de la zone de l'intérieur, puisque l'article 3 ne s'applique pas, pour cette zone, aux formations, mais seulement aux ateliers, établissements, laboratoires, etc., travaillant pour la défense nationale. Les mobilisés des formations de l'intérieur (1) ne peuvent donc faire l'objet d'une décision de maintien que dans la forme prévue par l'article 4.

Il en sera également ainsi, même dans les ateliers, établissements ..... du territoire et dans les formations des armées, pour les mobilisés dont le maintien serait à envisager, mais qui ne seraient pas susceptibles d'être considérés comme appartenant à la catégorie des employés au titre du « matériel de guerre », seule visée par l'article 3.

La différence de procédure entre les deux sortes de dérogations consiste en ce que, pour l'application de l'article 3, le chef de la formation des armées, ou le chef de l'atelier, établissement... du territoire établit une déclaration d'indispensabilité, tandis que, pour les dérogations réclamées par application directe de l'article 4, l'autorité intéressée fait une demande de maintien.

La responsabilité pénale des chefs d'unité, de service, etc., est d'ailleurs engagée par leurs demandes de maintien au titre de l'article 4, comme par la production de la déclaration prévue à l'article 3 (2).

2° *Application au personnel du territoire (France, Algérie, Tunisie).*

Les déclarations (article 3) ou demandes de maintien (article 4) doivent être tout à fait exceptionnelles. Elles seront dressées par l'autorité désignée pour établir et tenir à jour le plan de remplacement dans lequel figure le militaire intéressé, s'il s'agit d'un militaire inscrit au plan de remplacement. Elles seront établies

---

(1) Y compris, bien entendu, les formations de la zone des armées dépendant des commandants de région.

(2) En effet, aux termes de l'article 9, tout acte ou omission volontaire, ayant pour but ou ayant eu pour effet, de maintenir ou d'aider à maintenir en dehors d'une formation combattante un mobilisé visé par la loi, constitue un délit, entraînant l'application de l'article 7 de la loi du 17 août 1915.

par le chef d'unité, de service, etc., s'il s'agit d'un militaire ne figurant pas à un plan de remplacement (officiers ou assimilés, gendarmes, sapeurs-pompiers, douaniers, forestiers, etc.) (1).

Elles seront conformes aux modèles nos 1 et 2 ci-annexés (2).

Les commandants de région ne les transmettront au Ministre que s'ils constatent l'impossibilité absolue de pourvoir au remplacement des intéressés au moyen des ressources dont ils disposent. Leur responsabilité est engagée à ce sujet (article 9 de la loi).

La transmission aux mairies des déclarations (modèle 1) sera faite par le Ministre (sous-secrétariat, direction ou service).

Les déclarations ou demandes de maintien ne peuvent, en principe, porter, pour les hommes de troupe inscrits au plan de remplacement, que sur ceux classés comme « personnellement indispensables » ou sur ceux qu'on ne pourrait relever, faute de ressources en éléments de remplacement.

Le maintien sur demande (modèle 2) établi directement au titre de l'article 4 sera, en principe, temporaire et de durée fixée, mentionnée au *Journal officiel;* les demandes concernant les officiers seront accompagnées d'un rapport motivé.

Lorsqu'un spécialiste, maintenu dans les conditions fixées par l'article 3, sera ultérieurement relevé, pour recevoir application de l'article 1er, il sera signalé par son chef d'unité, de service, etc., au moyen d'un bulletin, du modèle n° 3 ci-annexé, qui sera transmis au Ministre. Celui-ci fera parvenir aux fins de radiation l'avis à la mairie du dernier domicile de l'intéressé.

Chimistes. — Il résulte de la discussion de la loi que les chimistes sont compris dans les mobilisés pouvant recevoir application de l'article 3.

---

(1) Les mobilisés des services destinés à être affectés à une formation de leur service aux armées (art. 2 de la loi, § 1er, 2e alinéa) ne peuvent être maintenus à l'intérieur que par le jeu de l'article 4.

(2) Les déclarations (modèle n° 1) seront établies et transmises au Ministre en deux expéditions, dont l'une est destinée à être adressée par les soins du Ministre à la mairie intéressée, et l'autre, à être renvoyée à l'auteur de la déclaration, avec mention de l'approbation du Ministre.

Les demandes de maintien (modèle n° 2) seront adressées au Ministre en une seule expédition, qui sera renvoyée à l'auteur de la demande avec mention de la décision du Ministre; ces documents (déclarations et demandes) seront ensuite annexés au plan de remplacement (ou conservés par les chefs d'unités, de service, etc., pour les militaires qui ne figurent pas à un plan de remplacement).

3° *Application au personnel des armées (Nord-Est et Orient) et des troupes d'occupation du Maroc.*

Pour l'application des articles 3 et 4, les généraux commandant en chef et le commissaire résident général de la République française au Maroc remplissent à l'égard des personnels sous leurs ordres un rôle analogue à celui qui est dévolu aux commandants de région, d'après ce qui précède, pour le personnel du territoire.

Ils fixeront, par analogie avec les prescriptions ci-dessus, les règles d'après lesquelles les déclarations d'indispensabilité (article 3) et les demandes de maintien (article 4) seront établies et leur seront adressées.

Ils ne transmettront ces documents au Ministre (sous-secrétariat d'Etat, direction ou service) que s'ils constatent l'impossibilité de pourvoir au remplacement des intéressés au moyen des ressources dont ils disposent.

Pour le reste de la procédure, les dispositions indiquées précédemment au sujet du personnel du territoire sont applicables aux déclarations et aux demandes de maintien concernant le personnel des armées et du Maroc.

C. — ÉCHANGE, NOMBRE POUR NOMBRE, APRÈS AVIS FAVORABLE DES COMMISSIONS PERMANENTES, DE SPÉCIALISTES ENCORE AFFECTÉS A DES FORMATIONS COMBATTANTES, PAR DES SPÉCIALISTES DE MÊME CATÉGORIE, DE CLASSES PLUS JEUNES, AFFECTÉS A DES EMPLOIS TECHNIQUES, SOIT DANS LES USINES, SOIT AUX ARMÉES.

Le général commandant en chef les armées du Nord et du Nord-Est procédera à cet échange à l'intérieur des armées et fournira au Ministre (Etat-Major de l'armée; 1er Bureau) la liste des spécialistes pères de familles les plus nombreuses et des classes les plus anciennes qui, une fois cette opération faite, devront être affectés aux usines de l'intérieur.

TITRE III.

(Article 5 de la loi.)

L'affectation à donner aux mobilisés provenant des services de la gendarmerie, des sapeurs-pompiers, douaniers, chasseurs forestiers, etc., est indiquée d'autre part (titre Ier, § H, et titre IV, § A).

Les officiers assimilés et fonctionnaires qui seront envoyés aux centres d'instruction pourront demander à être soumis, dès leur arrivée, à un examen d'aptitude, dans les conditions fixées par le général en chef; s'ils subissent avec succès cet examen, ils seront affectés directement, et sans stage, à une unité combattante; dans le cas contraire, ils effectueront un stage dont la durée sera déterminée par le général en chef.

A la fin de ce stage, une commission, nommée par le général en chef, fonctionnant dans chaque centre, et présidée par un général de division, leur fera subir un examen, dont les résultats seront transmis au Ministre, sous le timbre des diverses directions. Le Ministre décidera, sur la proposition du général en chef, s'ils doivent continuer à servir dans le grade dont ils ont l'assimilation ou la correspondance, ou s'ils doivent être replacés dans celui qu'ils possédaient au moment où ils ont été nommés officiers, assimilés ou fonctionnaires ayant la correspondance de grade avec les officiers.

Ceux qui, après décision du Ministre, seront admis à conserver leur grade et ceux qui seraient passés sans stage aux formations combattantes seront, dans leur arme nouvelle :

1° S'ils sont officiers à titre temporaire, nommés à leur grade, au même titre, par le général en chef;

2° S'ils sont officiers à titre définitif, nommés à leur grade par décret du Président de la République.

Dans l'un et l'autre cas, ils prendront rang du jour où ils avaient été nommés à leur grade, dans leur arme ou service.

Jusqu'à la date de leur nomination dans leur arme nouvelle, ils seront, au point de vue administratif, considérés comme détachés de l'arme ou service dont ils sortent.

Si, par application du deuxième alinéa de l'article 5, ils sont replacés dans le grade de caporal, brigadier ou sous-officier, ils prendront rang dans ce grade du jour où ils y ont été nommés avant de devenir officiers, assimilés ou fonctionnaires ayant la correspondance du grade.

TITRE IV.

Mesures d'exécution.

A. — Officiers du territoire.

Il sera procédé, dans chaque région, au recensement de tous les officiers, assimilés ou fonctionnaires, employés sur le territoire de la région, appartenant aux classes 1903 et plus jeunes (officiers, assimilés ou fonctionnaires de l'armée active et de complément) et aux classes 1896 à 1902 (officiers de l'armée active des armes combattantes seulement).

Ce recensement sera effectué immédiatement, par les soins des généraux commandant les régions, pour ceux de ces officiers qui appartiennent aux classes de la 1re série (titre Ier, § J), classes pour lesquelles l'exécution de la loi devra être effectuée le 17 septembre.

Les commandants de région convoqueront d'urgence, devant les commissions de réforme, les officiers, assimilés et fonctionnaires de la 1re série qu'il y a lieu de faire visiter (1).

Pour les autres séries, le recensement sera fait aux dates qui seront indiquées ultérieurement par le Ministre, sous le timbre des sous-secrétariats, directions et services qui emploient les officiers intéressés.

Ces recensements donneront lieu à l'établissement de bulletins individuels, sur lesquels seront mentionnées toutes les indications permettant de connaître la situation de l'officier à l'égard des prescriptions de la loi et en particulier son aptitude à faire campagne. Ces bulletins seront adressés au Ministre sous le timbre des sous-secrétariats, directions et services intéressés (2), le plus tôt possible, en ce qui concerne le personnel officiers de la 1re série, et aux dates qui seront fixées ultérieurement par le Ministre (sous-secrétariats, directions et services) en ce qui concerne le personnel officiers des 2e et 3e séries.

Le Ministre indiquera aux généraux commandant les régions, sous le timbre des sous-secrétariats, directions et services inté-

---

(1) Ces officiers sont notamment ceux saisis par la loi qui se trouvent, au moment du recensement, sous le coup d'une décision d'inaptitude des commissions régionales et ceux qui ont des motifs d'inaptitude à faire valoir. Il est bien entendu qu'on ne soumettra pas à l'examen des commissions de réforme les officiers, assimilés ou fonctionnaires recensés en vertu de leur classe, mais non effectivement touchés par la loi (officiers exceptés par l'article 2, ou ayant servi un an au moins dans une unité combattante).

(2) Par exemple, les communications et comptes rendus relatifs aux officiers, quelle que soit leur arme, employés dans les états-majors, dans l'aéronautique, dans le service des prisonniers de guerre, dans les commissions de gare, seront adressés respectivement au Ministre, sous les timbres ci-après :

Etat-major de l'armée (section du personnel du service d'état-major);
Sous-secrétariat d'Etat de l'aéronautique;
Inspection générale des prisonniers de guerre;
Etat-major de l'armée (4e bureau).

ressés, la destination à donner au personnel officiers des catégories *a*) et *c*) définies au titre Ier, § A (officiers des armes à affecter à une unité combattante de leur arme, officiers des services à envoyer dans une formation du front de leur service). Si, pour la 1re série, les bulletins individuels ne peuvent parvenir à l'administration centrale avant le 8 septembre, les commandants de région signaleront en temps opportun au Ministre (direction intéressée), par télégramme, les officiers à diriger sur les armées, et provoqueront des ordres au sujet de leur affectation.

Ils soumettront également en temps utile, au Ministre, leurs demandes ou propositions relatives au remplacement dans leur emploi des officiers de toutes catégories à relever.

Les destinations à donner par les commandants de région au personnel officiers de la catégorie *b*) (titre Ier, § A : officiers des services à verser dans les armes) sont les suivantes :

1° *Officiers, assimilés et fonctionnaires destinés à être versés dans l'infanterie et le génie.*

G. M. P., région du Nord, 3e, 4e, 9e, 10e, 11e régions : centre d'instruction du G. A. N., gare régulatrice Creil.

5e, 6e, 8e, 12e, 13e, 17e et 18e régions : centre d'instruction du G. A. C., gare régulatrice Connantre.

7e, 14e, 15e, 16e, 20e, 21e régions, Algérie-Tunisie : centre d'instruction du G. A. E., gare régulatrice Is-sur-Tille.

2° *Officiers, assimilés et fonctionnaires destinés à être versés dans l'artillerie.*

G. M. P., région du Nord, 3e, 4e, 5e, 9e, 10e, 11e, 12e et 18e régions : centre d'instruction de Noailles, gare régulatrice Creil.

6e, 7e, 8e, 13e, 14e, 15e, 16e, 17e, 20e et 21e régions, Algérie-Tunisie : centre d'instruction de Saint-Dizier, gare régulatrice Saint-Dizier.

Il ne sera accordé, en principe, aucune prolongation de séjour à l'intérieur au delà de la date fixée pour la série à laquelle appartient l'officier, en dehors des cas de force majeure (maladie par exemple).

Il ne sera fait exception à cette règle que pour les officiers faisant l'objet d'une déclaration d'indispensabilité au titre de l'article 3 ou d'une demande tendant à obtenir leur maintien en exécution de l'article 4. Ces officiers seront également mis en route sans délai si la déclaration faite à leur égard n'est pas approuvée ou si la proposition de maintien dont ils sont l'objet est rejetée.

PRESCRIPTIONS DE DÉTAIL POUR L'ÉTABLISSEMENT DES BULLETINS INDIVIDUELS DES OFFICIERS ET ASSIMILÉS.

Personnel recensé.

Les deux groupes de personnel à recenser sont les suivants :

Groupe J. — Tous les officiers et assimilés ou fonctionnaires appartenant aux classes 1903 et plus jeunes.

Groupe S. — Les officiers de l'armée active, des armes combattantes, appartenant aux classes 1896 et 1902 incluse.

Pour établir un recensement complet, le général commandant la région devra faire entrer en compte :

1° Les officiers faisant partie d'un élément figurant dans le décompte du personnel employé de la région (1);

2° Les officiers employés isolément sur le territoire de la région, quelle que soit leur fonction (1).

Les officiers en permission au titre de l'intérieur seront comptés au lieu de leur emploi habituel.

Les officiers aux hôpitaux ou en congé de convalescence, les officiers de complément mis hors cadres pour remplir des fonctions administratives civiles et les officiers détachés dans les ministères et dans les services de la capitale rattachés à des ministères seront recensés par les soins de l'administration centrale de la guerre et non par les régions (2).

Indications à porter sur chaque bulletin.

1° Nom, prénoms;

2° Classe, groupe J ou S, 1re, 2e ou 3e série;

3° Arme ou service (éventuellement arme d'origine);

4° Grade et situation militaire (armée active ou complément, titre temporaire ou définitif);

5° Emploi actuel. — Indication détaillée (faisant partie de tel élément; employé isolément à tel service);

---

(1) A l'exception des éléments ou des officiers mis à la disposition du Ministre de l'armement (service automobile compris).

(2) En ce qui concerne les officiers des services généraux de la guerre : les officiers appartenant aux services généraux non rattachés à l'administration centrale seront recensés par les soins du gouverneur militaire de Paris; les officiers appartenant aux services qui font partie intégrante de l'administration centrale et à ceux qui lui sont rattachés seront recensés par les soins des sous-secrétariats d'Etat, directions et services dont ils dépendent.

6° Situation à l'égard de la loi, indiquée par échelons successifs de la manière suivante) :

a) Indiquer si l'officier a servi pendant un an au moins dans une formation combattante;

b) Si l'officier n'a pas rempli cette condition, indiquer s'il bénéficie d'une des exceptions prévues à l'article 2 de la loi (mentionner explicitement le motif de cette exception et le paragraphe de l'article 2 invoqué à l'appui);

c) Si l'officier ne bénéficie d'aucune des exceptions prévues à l'article 2 de la loi, indiquer s'il est apte ou inapte à faire campagne;

d) Si l'officier est apte à faire campagne, indiquer s'il est l'objet d'une déclaration d'indispensabilité prévue par l'article 3 ou d'une demande de maintien en exécution de l'article 4, ou s'il doit être maintenu comme instructeur ou accomplissant un stage d'instruction, ou comme attendant son tour de départ.

Conclusion du général commandant la région.

L'officier n'est pas touché par la loi définitivement ou tant qu'il sera inapte.

L'officier est touché par la loi et doit être affecté à une formation combattante de son arme.

Versé dans une arme combattante.

Maintenu dans son service, mais affecté à une formation du front de ce service.

Maintenu provisoirement en attendant la décision du Ministre au sujet de la déclaration (article 3), demande de maintien (article 4) dont il est l'objet.

Envoi des bulletins à l'administration centrale.

Pour être envoyés au Ministre, les bulletins seront groupés dans des bordereaux donnant leur énumération nominative et entre lesquels ils seront répartis de la manière suivante :

Il sera établi un bordereau distinct par direction d'arme ou de service, chaque officier étant classé à la direction dont relève son emploi.

La destination à donner aux bulletins concernant certaines catégories d'officiers, assimilés ou fonctionnaires qui seraient mobilisés sur le territoire est la suivante :

Officiers de complément mobilisés appartenant au corps des douanes et aux fonctionnaires des eaux et forêts : 1re direction.

Agents des sections de chemins de fer de campagne : E.-M. A. (section du personnel du service E.-M.).

Fonctionnaires de la télégraphie militaire : 4e direction.

Agents de la trésorerie et des postes : E.-M. A. (4e bureau).

Officiers d'état-major, officiers interprètes, officiers d'administration du service d'état-major et du recrutement : E.-M. A. (section du personnel du service E.-M.).

B. — Personnel troupe du territoire.

Sauf les restrictions explicitement indiquées par la présente instruction (1), les généraux commandant les régions assureront directement, sous leur responsabilité, l'application de la loi aux hommes de troupe (2). Ces officiers généraux prescriront toutes mesures utiles pour soumettre en temps voulu, à l'examen des commissions de réforme, ceux qu'il y a lieu de faire visiter.

Les destinations à donner à ces hommes de troupe seront les suivantes :

1° *Hommes appartenant à l'infanterie ou destinés à y être versés.*

a) Infanterie métropolitaine.

G. M. P., région du Nord, 3e et 10e régions : 9e bataillon du 152e régiment d'infanterie, G. R. Creil.

4e, 5e, 9e, 11e régions : 9e bataillon du 131e régiment d'infanterie, G. R. Le Bourget.

6e, 8e, 12e et 18e régions : 9e bataillon du 172e régiment d'infanterie, G. R. Connantre.

13e, 17e, 20e et 21e régions : 9e bataillon du 25e régiment d'infanterie, G. R. Gray.

7e, 14e, 15e, 16e régions, Algérie-Tunisie : 9e bataillon du 157e régiment d'infanterie, G. R. Is-sur-Tille.

b) Chasseurs à pied.

G. M. P., région du Nord, 3e, 4e, 5e, 10e, 11e régions : 25e compagnie du 1er bataillon de chasseurs, G. R. Creil.

6e, 8e, 9e, 12e, 13e, 17e, 18e régions : 25e compagnie du 8e bataillon de chasseurs, G. R. Connantre.

7e, 14e, 15e, 16e, 20e et 21e régions et Algérie-Tunisie : 25e compagnie du 5e bataillon de chasseurs, G. R. Gray.

---

(1) Titre Ier, § C. — Autorités chargées de l'application des articles 1er et 2.

(2) Ils se conformeront, autant que possible, à cet effet, aux dispositions indiquées au paragraphe A ci-dessus pour le personnel officiers.

c) Zouaves.

Toutes les régions et Algérie-Tunisie : 20e bataillon du 3e zouaves, G. R. Creil.

d) Infanterie coloniale.

Toutes les régions et Algérie-Tunisie : 9e bataillon du 6e régiment d'infanterie coloniale, G. R. Creil.

2° *Hommes appartenant à la cavalerie.*

Toutes les régions et Algérie-Tunisie : 5e régiment de dragons, G. R. Creil.

3° *Hommes appartenant à l'artillerie ou destinés à y être versés.*

G. M. P., région du Nord, 3e, 4e, 5e, 9e, 10e, 11e, 12e, 18e régions : centre d'instruction de Noailles, G. R. Creil.

6e, 7e, 8e, 13e, 14e, 15e, 16e, 17e, 20e et 21e régions et Algérie-Tunisie : centre d'instruction de Saint-Dizier, G. R. Saint-Dizier.

4° *Hommes appartenant au génie ou destinés à y être versés.*

Toutes les régions et Algérie-Tunisie : bataillon d'instruction du 10e régiment du génie, G. R. Saint-Dizier.

Les changements d'arme des hommes de troupe ne seront prononcés, le cas échéant, qu'après l'arrivée aux armées des intéressés.

Les déclarations d'indispensabilité (article 3) et les demandes de maintien (article 4) seront transmises aux directions intéressées, dans les conditions indiquées au paragraphe A ci-dessus pour les officiers.

C. — Personnel (officiers et troupe) en service aux armées (Nord-Est, Orient et Maroc).

Les généraux commandant en chef étant chargés de l'application de la loi à tout le personnel (officiers et troupe) servant sous leurs ordres, prescriront eux-mêmes les mesures d'exécution concernant ce personnel, en se conformant, d'une manière générale, aux indications données précédemment pour le territoire (paragraphe A et paragraphe B ci-dessus).

Outre les comptes rendus statistiques qu'ils fourniront à ce sujet, conformément aux indications qui seront données ultérieurement, ils auront à envoyer au Ministre (Direction d'arme) (1) :

1° Les déclarations d'indispensabilité par application de l'article 3 de la loi;

2° Les demandes de maintien par application de l'article 4;

3° Pour les officiers, assimilés, etc., versés des services dans les armes combattantes, des comptes rendus individuels d'exécution, destinés à permettre au Ministre de prendre ou provoquer les mesures de classement définitif des intéressés dans leur nouvelle arme.

Dispositions particulières a l'armée d'Orient.

Le général commandant en chef les armées alliées en Orient organisera, pour la visite des mobilisés sous ses ordres visés par la loi, des commissions spéciales de réforme, composées d'un officier général, président, d'un fonctionnaire de l'intendance, d'un officier supérieur et d'un officier de gendarmerie.

Le fonctionnaire de l'intendance remplira, outre les fonctions qui lui sont dévolues, toutes celles du commandant de recrutement siégeant dans les commissions de l'intérieur.

D. — Personnel (officiers et troupe) des missions a l'étranger, autres que les missions en Russie et en Roumanie.

Les mobilisés appartenant aux classes visées par la loi seront rappelés dans la métropole, à moins qu'ils ne soient maintenus dans leur emploi par une décision du Ministre, en vertu de l'article 4.

Paris, le 19 août 1917.

Le Ministre de la guerre,
Paul Painlevé.

---

(1) Pour la destination exacte à donner aux déclarations, demandes et comptes rendus concernant le personnel (officiers et troupe) du corps des douanes, des eaux et forêts, sections de chemins de fer de campagne, télégraphie militaire, Trésor et postes, etc., se reporter au dernier alinéa du paragraphe A ci-dessus (titre IV).

ANNEXE.

Formations du service automobile auxquelles ne pourront être ou rester affectés des mobilisés saisis par la loi (à l'exception de ceux auxquels il sera fait application de l'article 3 ou de l'article 4).

A. — Territoire (Zone de l'intérieur. — Services régionaux de la zone des armées. — Algérie-Tunisie).

Toutes les formations et tous les services.

B. — Armées du Nord et du Nord-Est.

G. Q. G.

Q. G. de groupes d'armées (y compris les D. E.), d'armée, de corps de cavalerie, de corps d'armée.

Sections de parc.

Unités rattachées aux inspections permanentes des régions de l'Ouest et de l'Est.

Service télégraphique :

Service de 2e ligne.

Sections techniques de télégraphie affectées au service des étapes et au service des chemins de fer.

Aéronautique :

Commandements d'aéronautique d'armée.

Compagnies de port d'attache.

Groupe des divisions d'entraînement.

Réserve générale d'aviation.

Premières réserves.

Grands parcs.

C. — Armée d'Orient. — Maroc.

La liste des formations automobiles auxquelles ne pourront être ou rester affectés des mobilisés non spécialistes saisis par la loi sera établie par le général commandant en chef les armées alliées pour ce qui concerne l'armée française d'Orient, et par le commissaire résident général de la République française au Maroc, à l'égard des troupes d'occupation au Maroc. Ces listes seront soumises, dans le plus bref délai possible, à l'approbation du Ministre.

MINISTÈRE
DE LA GUERRE.

° RÉGION
ou ARMÉE d

Corps
ou Service
ou Etablissement

Indication du sous-secrétariat d'Etat, direction ou service de l'administration centrale dont relève l'emploi :

RÉPUBLIQUE FRANÇAISE.

ARTICLE 3 DE LA LOI DU 10 AOUT 1917.

MODÈLE N° 1.

(Format tellière.)

DÉCLARATION

CONCERNANT UN MOBILISÉ SPÉCIALISTE INDISPENSABLE.

(Double expédition.)

Le (1) déclare que le (grade) (nom) (prénoms) , recrutement , classe (2) , domicilié à (3) , département , du (4) , employé sous ses ordres comme (indiquer la spécialité) est bien un spécialiste qualifié absolument indispensable et qu'il lui a été impossible de le remplacer.

A , le 191 .

(*Signature.*)

(1) Grade, arme, nom { ou chef de tel service. / ou directeur de tel établissement.

(2) Classe définie par l'instruction d'application des articles 1er à 5 de la loi.

(3) Dernier domicile en France de l'intéressé.

(4) Indication du dépôt, corps ou service.

MINISTÈRE
DE LA GUERRE.

° RÉGION
ou ARMÉE d

Corps
ou Service
ou Etablissement

Indication du sous-secrétariat d'Etat, direction ou service de l'administration centrale dont relève l'emploi :

MODÈLE N° 2.

(Format tellière.)

RÉPUBLIQUE FRANÇAISE.

ARTICLE 4 DE LA LOI DU 10 AOUT 1917.

DEMANDE DE MAINTIEN

DANS SON EMPLOI ACTUEL

D'UN MOBILISÉ PERSONNELLEMENT INDISPENSABLE.

Le (1) , demande que
(grade) (nom) (prénoms) ,
recrutement , classe (2) ,
du (3) , soit maintenu dans son emploi
actuel { jusqu'à nouvel ordre.
jusqu'à telle date pour le motif suivant :

A , le 191 .

(*Signature.*)

(1) Grade, arme, nom { commandant telle formation.
ou chef de tel service.
ou directeur de tel établissement.

(2) Classe définie par l'instruction d'application des articles 1er à 5 de la loi.

(3) Indication du dépôt, corps ou service.

TRANSMISSION ET AVIS DES AUTORITÉS HIÉRARCHIQUES.

AVIS DU GÉNÉRAL COMMANDANT LA RÉGION ou GÉNÉRAL COMMANDANT EN CHEF.

DÉCISION DU MINISTRE

(Sous-secrétariat d'Etat, direction ou service intéressé.)

MINISTÈRE
DE LA GUERRE.

• RÉGION
ou ARMÉE d

Corps
ou Service
ou Etablissement

Indication du sous-secrétariat d'Etat, direction ou service de l'administration centrale dont relève l'emploi :

RÉPUBLIQUE FRANÇAISE.

LOI DU 10 AOUT 1917.

MODÈLE N° 3.

(Format tellière.)

APPLICATION DE L'ARTICLE Ier

A UN MOBILISÉ PRÉCÉDEMMENT MAINTENU DANS SON EMPLOI

PAR APPLICATION DE L'ARTICLE 3.

Le (1) fait connaître que

(grade) (nom) (prénoms) ,

recrutement , classe (2) ,

domicilié à (3) , département ,

du (4) , qui avait été maintenu, comme spécialiste qualifié absolument indispensable, dans les conditions prescrites par l'article 3 de la loi, a été relevé de son emploi pour recevoir application de l'article 1er de ladite loi.

A le 191 .

(*Signature.*)

(1) Grade, arme, nom { chef de tel service. / ou directeur de tel établissement.

(2) Classe définie par l'instruction d'application des articles 1er à 5 de la loi.

(3) Dernier domicile en France de l'intéressé.

(4) Indication du dépôt, corps ou service.

Paris et Limoges. — Imprimerie militaire CHARLES-LAVAUZELLE.

Imprimerie militaire
Henri CHARLES-LAVAUZELLE
PARIS ET LIMOGES

www.ingramcontent.com/pod-product-compliance
Lightning Source LLC
Chambersburg PA
CBHW061334050726
47595CB00005B/1913